山本有三記念館

東京・三鷹市

玄関（ポーチ）の入口上部につけられた鳥のレリーフ

山本有三記念館

目次

山本有三邸の歴史　44

建物の概要　46

中流住宅へ拡がっていく洋風化の流れ　48

大きく展開した昭和戦前の建物　50

椅子式の生活と住宅の変化　51

三鷹市山本有三記念館の紹介　52

山本有三の住んだ家　55

写真　4-41　図面　42

監修・執筆　初田亨
執筆　矢野勝巳
撮影　岡本寛治

▲ 建物の北側外観は、平面の形をそのままを表現したように、複雑につくられている。外壁は、1階および2階の下部に大谷石とスクラッチタイルが用いられており、2階は漆喰塗りの壁と木材で構成されている。屋根は銅板の瓦棒葺きで、切妻屋根を基本にして、複雑に組み合わされている。大きな屋根が2階から1階まで下りてきて、正面から見ると切妻の腰折れ屋根のようにも見えるが、全体がそうなっているわけではない。

▲ 玄関脇に設けられた暖炉の煙突基部
大谷石で造られているため時間を経れば経るほど味わい深い雰囲気を漂わせる。
建物へのアプローチに沿って造られた花壇には季節を彩る花が来館者を出迎えてくれる。

▶ アプローチ（北西）からみた北側外観
外壁は1階がスクラッチタイル、2階は漆喰仕上げになっている。2階外壁の幾何学模様と、その上にのる急勾配の屋根が特徴。建物の下側を重いデザインとすることで安定性のある印象をつくりだしている。

▲ 西側階段下のトイレの窓
外壁が三角に張り出しており、立面に変化がつけられている。尖った窓の下部には石が装飾的につけられている。庇の先端には大谷石が貼られている。

◀ 階段おどり場の窓
防犯用の柵にも凝った意匠が施こされている。中央上部には、花の形をした飾りがつけられ、親しみを感じさせる。

▶ 旧応接間（1階展示室）の暖炉煙突
北側の煙突同様に下部は大谷石、上部は外壁と同じスクラッチタイルでできており、上に行くに従って不規則にすぼんでいる。視線を上部に導いていくことで、高さを演出する視覚的効果がある。

▲ 南側外観
南側は庭に面しており、外観はほぼシンメトリーにつくられている。2階部分の窓は、同じ形式をもっているが、1階部分の窓は、西側が四角形の窓、中央部分が台形の窓、東側がアーチ型の窓と、様々な形状をとっている。屋根には屋根裏部屋があり、大きな屋根窓がとられている。バルコニーの手すり部分には、小さな突起物を並べた、デンティル（歯飾り）のような意匠がみられる。また、ベランダの壁には三角形のくり抜きが施されている。

▲ 旧女中室の外観
小さく突出した外壁と、不規則に折れ曲がった屋根の組み合わせが特徴。

▲ 旧女中室の外壁
スクラッチタイルと大谷石を組み合わせたデザイン。遊び心が伺える。

▲ 玄関（ポーチ）から入口のドアを見る
大きな木製の門のような扉を開けて玄関（ポーチ）に入る。玄関の外壁には外灯とレリーフが取りつけられている。
床は白色の大理石のほか、自然石が用いられている。玄関に土間はなく、下足のまま室内に入るようになっている。壁は、腰まで石が貼られ壁上部と天井は漆喰仕上げ。玄関の天井は、アーチの稜線部を強調した意匠をもってつくられている。右手壁にはくぼみをつけ、棚がつくられている。扉上部の形は、ヨーロッパの中世の建築を思わせる尖頭アーチの形をしている。

▲ 玄関を入ったところ（ホール）から玄関ドアを見る。先頭アーチの形をしたドアが印象的。天井部分は、漆喰塗りで、くりがたが二段にわたってつけられている。

▲ ホールの天井
玄関を入ると、ホールと待合いイングルヌックがある。ホールには、階段からステンドグラスを通した光が落ちてくる。
天井は漆喰塗り。白の漆喰を塗った天井を、梁などの木材で区分することで、意匠に変化をみせると共に、親しみやすいスケール感を出している。

ホール脇のイングルヌック
長椅子や書棚がつくり付けられている。かつては、来客の控え室や家族の団欒の場に使用していた。壁は下部が板で上部が漆喰塗りで仕上げられ、天井は漆喰仕上げで、黒色の木材で区分されている。
また天井と壁に用いられている木材には、斜めに切れ込みを入れた模様がある。部屋には、煉瓦で造られた暖炉が設けられており、憩いのできる落ち着いた場をつくりだしている。

▲ イングルヌックの天井。木材にはちょうな（手斧）で削ったような模様がつけられている。

▲ イングルヌックの壁と暖炉部分の詳細。半円アーチの形をした暖炉の煉瓦は、上端より下端のほうがすぼまっている。

17

▶ ドローイング・ルーム
かつての食堂を手前応接間よりみる。右側のガラスドアを開けるとテラスに続く。左奥には食堂の暖炉。右手奥は、元長女の部屋へとつづく扉。
現在は1部屋になっているが、かつては1部屋の東側が食堂部分で、西側が応接間部分として使われ、床の寄せ木の模様も、部屋で変えている。

▶ ドローイング・ルームの照明器具
細部にわたって装飾された、大正時代のロマンを思い出させてくれる照明。
重々しい照明器具が、部屋全体を落ち着いた雰囲気に引き締めている。

▶ ドローイング・ルームの窓
左右の開口部はテラスへの出入り口で、床まで開口部が続いている。開口部の上部には、台形の明かり取りが連続してつけられている。

▲ドローイング・ルーム（旧応接間）の天井
装飾の施されたアーチ状の梁によって空間にアクセントがつけられている。

▲ドローイング・ルーム（旧応接間）の暖炉
壁面には、煉瓦（タイル）によって、凝った幾何学的な模様がつけられ、暖炉の存在感を高めている。

▲ ドローイング・ルーム（旧応接間）
建物の中で一番大きな部屋である。煉瓦で作られた暖炉が設けられている。L字型に突出した部屋の南側には大きな窓が設けられ、開放的な印象を与える。また、暖炉の右側には尖頭アーチの形を持つ窓がある。部屋の天井は、木材の梁によって意匠的に区分されている。

▲ 旧長女の個室
スクラッチタイルで縁取られた半円アーチの開口部が続く。連続する半円アーチが印象的。壁面には腰までタイルが貼られ、室内であるが屋外のような雰囲気も醸し出している。壁上部と天井は漆喰塗り。太陽を尊重するサンルームや暖炉は北方系の文化であるが、通気を考慮した大理石のテラスは南方系のものである。自然との調和に積極的な日本の洋風建築を見ることができる。

▲ 旧長女の個室の壁上部と天井
壁面上部には小さなアーチを連続させたロンバルト帯が見える。
ロンバルト帯とは、イタリアのロンバルト地方で創案されたもので、ロマネスク様式の建築に盛んに用いられた。

▲ 2階よりみた階段室
階段は、木造。階段の親柱には、上部に丸みが付けられている。手摺の手摺子は、木材をねじったような意匠をもつ。階段の中央部分の踊り場には、幾何学的に模様が構成された窓と菱形の色ガラスを組み合わせた模様をもつ窓がある。

▶ 旧洋書斎
旧洋書斎と旧和室はかつて別々の部屋で、現在もそれぞれ別の入口が残っている。また、旧洋書斎と旧和室であった境の上部には、ガラスをはめ込んだ欄間のような窓がある。

▶ 旧書庫
天井は漆喰仕上げで、木材によって長方形に区分されている。廊下から部屋へ入る出入り口は、2階で唯一引違い戸が使われている。

▶ 旧長男の個室
窓越しに談話のできるつくり付けの椅子がある。一階の旧長女室と同様に、南面に面しているため非常に明るい空間になっている。

▲ 和室書斎（2階）
かつては洋間であったが、山本有三が入居した時（昭和11年）に数寄屋風の和室に改造され、書斎兼居間として使われた。ガラス戸の内側に障子があり、やわらかな光が入ってくる。
伝統的な建築では、床から1間（1.8m）位の高さのところに、柱と柱をつなぐ水平材（内法長押）がつくが、数寄屋建築では省略されるのが一般的で、ここでもつけられていない。

▲ 床の間奥の棚
天井は網代天井。棚の下部にある引き違いの小さな建具には襖紙が貼られている。

▲ 小壁部分
柱の材料は杉材で、木目がはっきりでている。

▲ 棚下部のふすま建具
ふすまは、1921（大正10）年に六代目尾上菊五郎が「坂崎出羽守」を上演した際に鎧の下に着た、古代更紗の衣装をはってある。

◀ 和室書斎の床の間
かつは洋間だった部屋だが、その時の雰囲気はまったくない。左側には、書院風に出窓がつけられている。

Detail - 1　暖炉

イングルヌック（玄関ホール）の暖炉

▲ 建物内の暖炉は、すべて異なる意匠をもってつくられている。イングルヌックの暖炉は、部屋の大きさにあわせて、小さくまとめられている。食堂の暖炉は、建物の中でもっとも大きい。薪を燃やした火を囲み家族で、楽しい一時を過ごすこともあったのであろう。応接間の暖炉は、幾何学的な模様が印象的。三つの暖炉とも、上部にマントルピース（飾り棚）を設けている。

ドローイング・ルーム（旧食堂）の暖炉

ドローイング・ルーム（旧応接間）の暖炉

Detail-2　大谷石・スクラッチタイル

上左：旧長女室の棚部分の壁
建物に大谷石が多く使われるようになったのは、フランク・ロイド・ライトの設計した帝国ホテル（1890年建設）以降のことである。大谷石とスクラッチタイル、漆喰塗りの壁の取り合わせが興味深い。

上右：旧書庫西側窓（2階）
出窓の下の持ち送りは大谷石で造られている。構造的な必要性というよりも、飾りとして設けられたのであろう。

下：庭のテラスの階段。風化した大谷石が建物の時代を感じさせる。

上：旧長女室の内玄関外側。大谷石と白い大理石が無造作に組み合わされている。

下：入口ポーチの壁につけられた棚。尖頭アーチの形は館内にいくつもみられる。

Detail - 3　金属装飾

左上：入口ドア金具。職人が心を込めてつくった様子がうかがえる。
右上：階段室北側窓金具
おもわず触ってみたくなるような形をしている。
右下：階段室踊り場西側窓の外側格子
中央上部に小さな花のような装飾がつけられることで、防犯用の印象をやわらかいものにしている。

右頁上：玄関入口ドアの丁番
扉に用いられている帯型蝶番はがっしりしており、15世紀～17世紀のイギリスの建築に見られたものと似たかたちをしている。
右頁下：建物南側の床下換気口
外壁の石は、大谷石。

34

Detail - 4　家具

上左：旧食堂におかれたレザー張りの椅子

上右：旧応接間におかれた布張りの椅子

下：陶器のテーブルと椅子
山本有三が、湯河原の家の庭で用いていたもの。

● 左：金属製のワイン・テーブル
　金属の特徴を活かした軽い印象を与えるデザイン。

　右：金属製の応接室燭台
　支柱には、植物の装飾がからみついている。

Detail - 5　窓・ステンドグラス

左：旧応接室西側窓
上部の尖頭状に尖った部分の曲線と下部の直線の組み合わせを見事にまとめている。
右：階段室の窓
階段に合わせて、二つの窓が段違いに並んでいる。菱形でまとめられた模様に、円をモチーフにした金物の取り合わせがおもしろい。

左：階段室踊り場の窓
垂直線と水平線で造られた幾何学的模様

右：旧書庫の北側窓
窓枠のパターンからも。建物の細かな点まで熟慮して設計していた、設計者の様子がうかがえる。

39

Detail - 7　木製装飾

- 左：階段室天井の梁を支える部材の飾り

  右上：階段室天井の梁下部の飾り

  右下：イングルヌックと階段室の間の壁上部につけられた開口部。
  ねじれたような形をした格子は、木材でつくられている。

上：旧応接間の床
下：旧食堂の床

床は寄木張りで、木材の組み合わせを美しくみせている。部屋によって組み合わせを変えている。

Plan

山本有三使用時のプラン

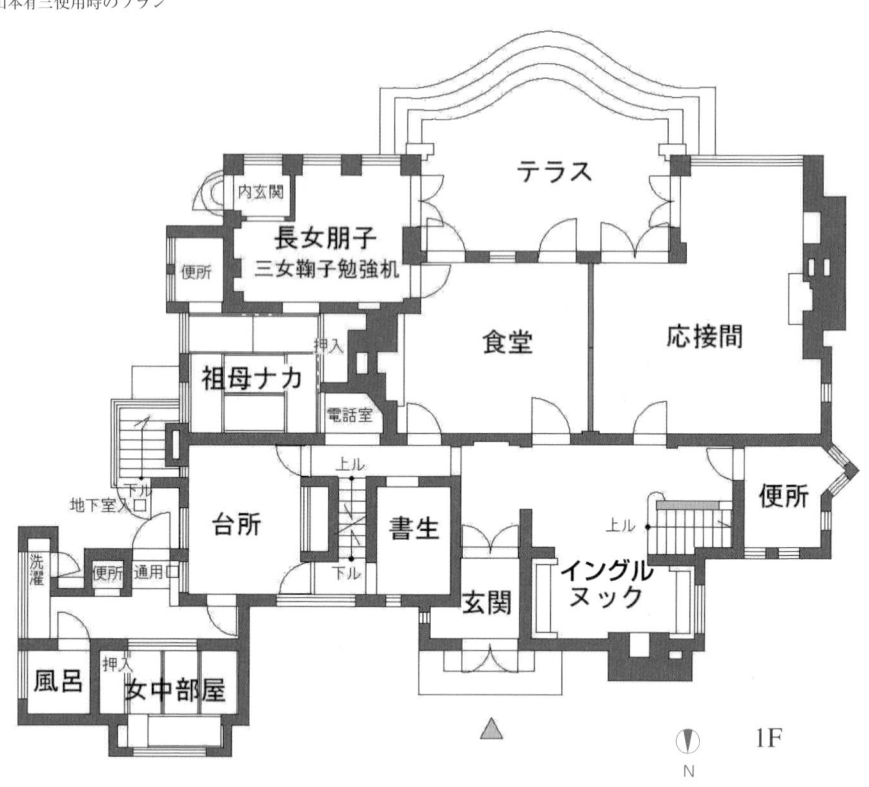

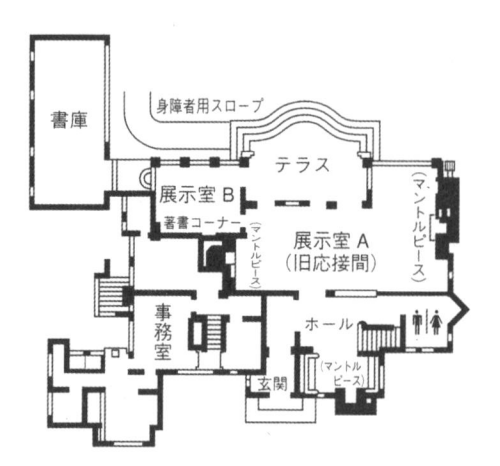

1F

現在の山本有三記念館プラン　1F

建物の入口は、敷地が道路に接する北側にある。入り口のドアを開けて玄関を入ると、その先にホールがある。ホールは、イングルヌック、便所、旧応接間、旧食堂、台所、階段につながっている。また、旧食堂は旧長女室へと続く。廊下が建物の中央部に設置されており、それぞれの部屋が独立性を保てるように構成されている。主要な部屋は、日当たりのよい南側に並んでいる。また、各部屋の南側には、大きな窓が設けられている。
2階は洋書斎、和書斎、書庫、子供部屋などからなり、中央に廊下を配置することで、すべての部屋が廊下でつなげられている。南側にはバルコニーが設けられており、バルコニーへも廊下から出られるようになっている。
建物はほかに、屋根裏部屋と地階を有している。地階へは建物の東側にある屋外の階段によってつながっているが、屋根裏部屋には階段が設置されておらず、梯子をかけて昇るようになっている。また、屋根裏部屋には南側に採光用の大きな窓が設けられている。

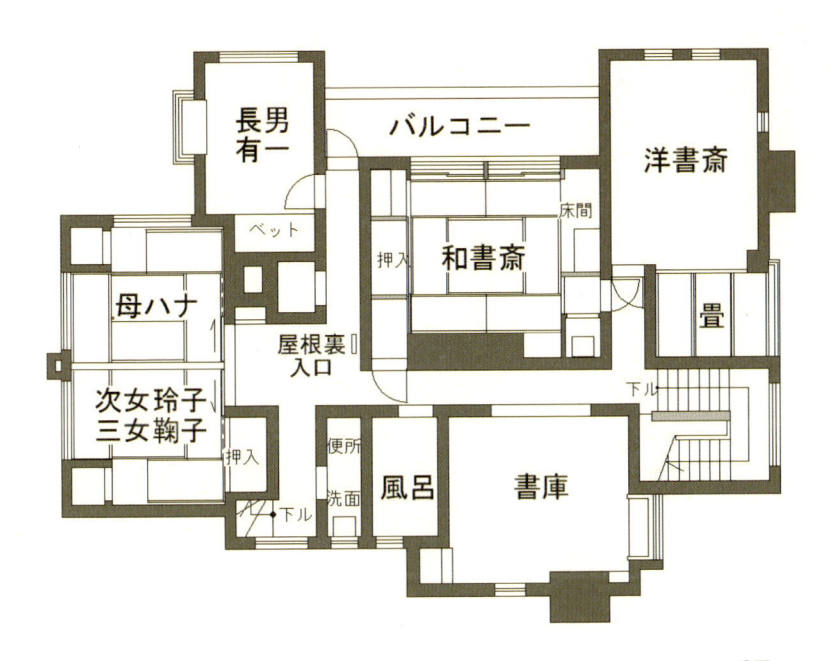

2F

[友田博通氏　作製]

43

山本有三邸の歴史

初田亨　工学院大学教授

　東京郊外の緑生い茂る三鷹に、瀟洒な洋館が建っています。この洋館は現在、記念館として公開されている旧山本有三邸で、建築的にも評価が高く、大正期の洋風住宅を知るうえで、価値ある貴重な建物です。

　三鷹駅北口から「風の散歩道」沿いを歩いていくと、白漆喰を塗りこめた門柱に、不規則に石が埋め込まれている門が入口です。関東大震災以後、東京では職住分離が進み郊外へと住宅地が拡がっていきましたが、建物の竣工はそのような時代、1926年（大正15）といわれています。

　建て主は山本有三ではなく、清田龍之介という人物。平山育夫によれば、建物を建設したのは清田（せいた）龍之介で、大正7年（1918）に土地の登記をし、大正15年（1926）に住宅として建物を完成、登記をしているという（日本建築学会計画系論文集2008年7月号「旧山本有三邸施主であった清田龍之介について」）。平山の論文によれば、清田龍之介は明治13年（1880）3月3日に広島県で生まれている。明治30年（1897）に立教中学を卒業、立教専修学校に入学後、明治32年（1999）にはペンシルベニア州費留学でアメリカに留学し、明治37年（1904）にオハイオ州ケニヨン大学古典科を卒業、明治40年（1907）にコネチカット州エール大学院専攻を卒業し、同年に帰国している。帰国後は、日本電報通信社（現・電通）外国通信部長、立教大学講師、東京高等商業学校（現・一橋大学）教授などを歴任した後、濱口商事株式会社総支配人などを経て、著述業などを

行っている。昭和18年（1943）に東京都杉並区で63歳で亡くなっているが、その間、少なくとも昭和2年（1927）から昭和6年（1931）までの間、三鷹市下連雀の現・山本有三記念館の建物に住んでいます。当時、玉川上水沿いのこのあたりは雑木林が広がる別荘地のような場所で、そうした郊外に洋式の生活に慣れた清田が住宅として建設したのです。

　建物が山本有三の所有となり、一家が移り住んできたのは、1936（昭和11）年4月。閑静な創作の場を求めてのことでした。このとき、有三は2階中央の部屋を数寄屋造り風の和室に改造し、書斎としています。洋室の書斎と使い分けて、執筆に取り組んでいたのでしょう。

　長年文庫として親しまれてきた旧山本有三邸は、有三が居住していた当時の雰囲気を取り戻すべく、接収時代に塗られたペンキを一部剥離したり、寄木細工の床の磨き出し、マントルピースの修復などの改修を行い、1996（平成8）年11月3日に、遺族から寄贈された約2000点にもおよぶ、遺品や資料の展示機能を充実させた「三鷹市山本有三記念館」として開館しました。

愛犬を囲んで左より有三、鞠子、朋子、玲子、はな。昭和12年2月

建物の概要

構 造

　建物は鉄筋コンクリート造と木造の混構造で、地下1階、地上2階建で、2階の上に屋根裏部屋（現在は非公開）をもっています。延床面積は415m^2。1階床下の一部分に地下室をもっており、地下と1階の一部は鉄筋コンクリート造となっています。1階の休憩室（旧女中室）、2階と屋根裏は木造で造られています。

外観

　周囲の雑木林と調和するように造られた、イギリス風の建築で、個人邸としては珍しくアーチが多用されています。
　中でも玄関脇の小窓などにあらわれる尖塔アーチは、中世ヨーロッパの趣味を感じさせ、住宅全体に似たデザインを多様しているところが特徴です。変化のある屋根組や天井、窓、テラスなど、多様な趣向がこらされていますが、ドアや壁には曲線や直線を用いたモダンな装飾がみられます。特に石積みで、上部にいくに従って不規則に細まっていく暖炉の煙突外壁は、なんとも印象的。また、窓などに使われている金具は、イギリスの伝統的なものです。
　ひとつの建築様式に固まったものではなく、変化に富み、さまざまな洋風の意匠を採用した自由な折衷的表現に特徴があります。

玄関と玄関ホール

　建物北側、マンサード屋根の腰折れが抱き込むポーチおよび玄関は、扉が二重に構成されています。2枚の扉に挟まれた空間はポーチで、その小さな天井は、手の込んだ交差ヴォールトになっています。
　玄関を入ったところのホールは、木材と漆喰による化粧屋根裏を思わせる天井空間があり、さまざまな異国趣味の融合が見られます。またここには、イギリスの近代住宅によくみられる

イングルヌック（造り付けの長椅子や書棚のある暖炉コーナー）もみられます。イングルヌックは木製の炉棚が付き、暖炉は煉瓦でアーチを組んだシンプルな意匠が特徴的です。

応接間

　建物の南西の角には、約54m²の広さを持った広々としたドローイングルーム（応接間）があります。晩餐客をもてなす部屋として使われ、床には複雑な幾何学模様の寄木細工が施されています。煉瓦が45度に組み合わされた暖炉は、邸内に3つある暖炉の中でも、重厚で品のある造りになっています。ホールのものと同様に、壁には木製の炉棚がしつらえてあります。

和室

　有三が和室の書斎として改装した2階中央の部屋は、西隣の洋室書斎と連携して用いていたと思われます。出入口は廊下に向かって東西2方向にあります。和室は、床の間と棚をもつ数寄屋風の書院で、天井や床柱には自然木が巧みに用いられています。窓側は付書院風につくられ、屋根の傾斜に合わせて天井は斜めになっています。欄間障子の桟は菱形に組まれていて、玄関中扉に残るガラスのシンプルな菱形模様と共通する意匠になっています。この和室の構成は有三の趣味といわれています。有三が数寄にかなりの興味をもっていたことが伺えます。

　戦後の進駐軍接収時代に荒れた使い方をされたこの和室は、1957年（昭和32）に、邸南側の庭に新築した息子・山本有一邸に移築され、その後湯河原に移った有三は、三鷹の家を東京都に寄贈しました。ですが、上京した際には、様々な思い出が詰まったこの部屋を使っていたそうです。解体・移築から30年近く経った1985年（昭和60）に、三鷹市へ移管の際に再移築されて、現在に至っています。

中流住宅へ拡がっていく洋風化の流れ

　上流階級の住宅形式として、明治期につくられていった洋館と和館を並列した住宅は、しばらくすると、中流階級の住宅に影響を与えていきます。中流階級の人々は、上流階級の人々のように、洋館と和館をもつ大きな住宅を建設することはできなかったので、明治の終わりごろから、玄関脇に洋間の応接室をもつ住宅を建設しています。

　都市に住む人口も急激に増えていき、東京では、大正時代の後半から郊外に住宅地が開発されていきます。住宅地として開発された地域は、江戸時代に町人が住んだ下町と称される地域よりも、山の手の地域に多く開発されています。

　明治以降、都市の生活様式は大きく変わりましたが、その中でも特徴的なのは、住む場所と働く場所の分離があげられます。職住分離が進んでいく中で、その生活をいち早く体現していったのが、俸給生活者（サラリーマン）の多かった山の手に住む人々で、以後、比較的豊かな生活レベルを背景にして、日本の家庭生活をリードしていくことにもなりました。

　椅子式の洋風の生活様式や、水道、ガス、電気器具が家庭の中に普及していく上で、彼ら山の手の人々が果した役割は大きい。大正時代は、文化なべ、文化コンロ、文化風呂、文化住宅といった、「文化」という言葉がもてはやされた時代ですが、洋風の生活様式や、「文化」といった言葉にあこがれ、いち早い反応をみせたのも彼らでした。玄関脇に応接間を持った住宅

矢野一郎邸（大正15年）

は、大正時代から昭和初期に開発された郊外住宅地に多くみられます。人々は、便利な都心に働く場を求め、空気のよい郊外の住宅に住んだのです。

　1923年（大正12）には、東京の田園調布の分譲地が売りに出されています。また、成城学園の開発が始まったのは1925年（大正14）、国立の分譲地の販売が始まったのは1927年（昭和2）です。これらの郊外住宅地に建設された住宅には、伝統的な和風の住宅も多く見られましたが、その中には、椅子やテーブルなどの西洋式の生活を一部分に取り入れた、文化住宅も目立つようになっていきました。

　この時期は、サラリーマンなど新中間層といわれる人々が、社会を動かす中心的な存在となり、活躍を始めた時代です。建築家の興味も、都市計画や住宅など、彼らの生活をとりまく建築物にひろがっていきました。建築家の興味が、住宅をはじめとする小さな建物にも注がれるようになり、手の痕跡を大切にしたような建築もつくられています。「三鷹市山本有三記念館」の建物が建設されたのもこのような時期で、細かなところまで配慮して、念入りにつくられていったことが、建物の端々から窺えます。

成城学園の住宅

大きく展開した昭和戦前の建物

　昭和初期は、1923年（大正12）に東京や横浜などを襲った関東大震災の復興とも重なり、数多くの建築物が建設されています。様式的にもいろいろな建築様式をもつ建築物が試みられています。また、明治時代の主要な建築が煉瓦造で建てられたのに対して、この時代には、鉄筋コンクリート造の建物にかわっているのが特徴です。

　同潤会の青山アパートメント（1927年）や代官山アパートメント（1927年）など、同潤会によって建設された鉄筋コンクリート造のアパートがつくられたのもこの時代。同潤会は、関東大震災の災害に対する義捐金をもとにして、1924年（大正13）6月に設立されました。その後、1941年（昭和16）5月に住宅営団に業務を引き継いで解散していますが、その間、同潤会は、鉄筋コンクリート造のアパートを16団地、109棟、2738戸と、木造住宅を58ヵ所、5813戸の建設をしています。

　昭和初期には、合理性、科学性、機能、規格化、装飾の否定などを大切にした、国際的に共通した姿をもつ建築（インターナショナル・スタイル、近代合理主義建築、モダニズム建築）を目指してつくられていきました。合理主義的な建築の設計は、時代の動きに敏感な若い建築家たちによって進められていきました。またこの頃は、合理主義を唱える立場から、伝統的建築の再評価がなされた時代でもあり、吉田鉄郎（逓信省営繕課）の設計になる、東京駅前に現存する東京中央郵便局(1933年)もつくられています。このような建築では、和風らしさを伝統的な形態や装飾を用いて表現するのでなく、簡素さや単純性など、建築の空間概念にも通じる方法によって表現することが試みられています。

　この時代は、日本の建築家たちが、建築様式を自家薬籠中のものとして自由にあやつり、建築表現できるようになった時代です。そして建築家たちは、西洋建築を学び終えたとの自信をもち、新しい時代にふさわしい建築をつくっていこうとする意欲に満ち溢れていました。

青山アパートメント

東京中央郵便局

椅子式の生活と住宅の変化

　近代をむかえて、人々の生活が、大きく変わっていきました。それに伴い、住宅の姿も大きく変わっていきました。人々の生活の変化で、最も大きかったものは、生活の中に椅子が入ってきたことでしょう。それまでのように、座って作業を行なう方式から、立式の生活に代わっていったのです。立式の生活は、居間、食堂、子供室など、あらゆるところに及んでいきましたが、その変化が最も顕著に現れたところの一つは、台所でしょう。特に関東地方では、明治時代頃まで、台所での作業は跪座式（きざしき）といって、流しを床の上において、しゃがんで膝をついた姿勢で作業を行なっていました。調理に使うまな板も床の上において作業しており、配膳も床の上におかれたお膳で行なっていました。

　椅子式の生活が広く普及していくのは、明治以降のことです。日本では、床に座って生活をする、座式の生活が長く続いてきました。

　人々の生活の中に、椅子式の生活が入ってくるのは、明治時代になってからです。それも、明治時代は接客用として入ってきたにとどまっています。この頃は、和館（伝統的な和風の建物）の隣に、別棟で来客を接待する建物として洋館（洋風の建物）を建てています。家族の生活は、和館で営まれ、洋館は接客の場として使われたのです。外国人を接待する洋館では、靴のまま建物の中に上がったりもしていました。

イングルヌックでくつろぐ有三と娘たち、左から鞠子、朋子、玲子。

三鷹市山本有三記念館の紹介

矢野勝巳　三鷹市山本有三記念館館長

　中央線沿線の町は1923年（大正12）の関東大震災後、東京が西に拡大することに伴い発展し、作家も次第に市中から移り住むようになった。高円寺、阿佐ヶ谷、荻窪などについで、三鷹も多くの作家が住まいとした。

　三木露風は1928年（昭和3）に牟礼田圃の近くに居住したが、有三とも親交のあった武者小路実篤は井の頭公園駅の近くに1937年（昭和12）、太宰治は有三宅から徒歩5分ほどの新築の貸家に1939年（昭和14）、吉田一穂は三鷹台駅近くに1941年（昭和16）と昭和10年代の前半に三鷹に移住した作家が目につく。

　この時期の三鷹は、戦前の人口急増期にあたり、1940年（昭和15）には町制を施行している。都市化しつつあったが、まだ武蔵野の自然も豊かであった。

　武蔵野村吉祥寺に住んでいた山本有三も、家が手狭になったことや静かな執筆環境を求めていたこともあり、1936年（昭和11）4月に三鷹村下連雀の洋館（現・三鷹市山本有三記念館）に転居した。風呂が2つあること、一部鉄筋造りの堅固な建物であることを、有三はとても気に入って土地とともに家を購入したという。

　玉川上水沿いに建つ有三邸の東隣には、広大な別荘があった。その先は下連雀の大地主、渡辺萬助が大正の末に開発し、今も整然とした街並みが広がる「南井ノ頭田園住宅」。都心に通う会社員や大学の教員あるいは新聞記者などの都市中産階級の人々が住み始めていた。

1943年(昭和18)　ミタカ少国民文庫新年会での山本有三

井の頭恩賜公園にも近く「田園住宅」の名称にふさわしい環境であった。有三はよく子どもを連れて、井の頭公園や玉川上水沿いを散歩した。
　この三鷹の家で有三は、代表作である「路傍の石」をはじめ「はにかみやのクララ」「ストウ夫人」などの小説や戯曲「米百俵」を発表する。
　青少年の育成に力を注いだ有三は、ここで歴史に残る児童出版である「日本少国民文庫」全16巻の編集に携わったが、その後、戦時下の1942年（昭和17）7月からは自邸内に「ミタカ少国民文庫」を土曜日と日曜日の午後に開設し、近隣の子どもたちに蔵書を開放した。それは、時局が深刻化する1944年（昭和19）2月まで続いた。
　1944年（昭和19）4月に故郷の栃木市に疎開した。終戦により1945年（昭和20）9月に三鷹に戻った。しかし1946年（昭和21）11月に、家は進駐軍に接収され、止む無く三鷹を離れた。
　後に有三は、次のように記している。「もし、家が接収されなかったら、私も市民として、三鷹にとどまっていたことであろう。三鷹に住んでいたのは、11年ほどだが、三鷹は私にとって忘れがたい土地である。」（「三鷹の思い出」三鷹市報　1965年11月3日）

東京都立教育研究所分室
有三青少年文庫の頃

1951年（昭和26）12月に接収は解除されたが、全面的にペンキを塗られるなど、かなり手を加えられた内装を見て自邸としての使用を諦めた。国立国語研究所三鷹分室に建物を提供した後、有三は、1956年（昭和31）に、青少年のための教育施設として活用されるよう土地とともに建物を東京都に寄附した。都は「東京都立教育研究所分室　有三青少年文庫」を1957年（昭和32）12月に開設し、子ども達への読書機会の提供と読書指導及び教育相談を行った。

　1985年（昭和60）に文庫は三鷹市に移管されたが、市内の図書館網の整備に伴い文庫活動は終了し、改修整備を経て1996年（平成8）11月に、山本有三の業績を顕彰することを目的として「三鷹市山本有三記念館」を開館した。

　記念館の入口脇には、「名作を記念する"路傍の石"」の案内板とともに大きな石が置かれている。この石は、「路傍の石」執筆当時の1937年（昭和12）に中野旧陸軍電信隊付近の道端にあり、有三が気に入って家の裏庭に運び込んだものである。また北側の庭には、「山本有三先生顕彰碑」があり、親交の深かったドイツ文学研究者の高橋健二氏に有三が贈った石井鶴三作の有三の顔のレリーフが、高橋健二氏筆の「心に太陽を持て」とともにはめこまれている。

　なお、建物は、1994年（平成6）に三鷹市の文化財に指定されている。指定文化財である作家の旧邸を、個人記念館として常時一般公開している施設は全国的にも希少であり、建物鑑賞を目的とした来館者も多い。

　延床面積は、450m²、敷地面積は有三在住当時とほとんど変わらず、3864m²ある。

　これまで記念館では、長男（故）山本有一氏のご遺志により三鷹市に寄贈された約2000点の資料を主に、年に2～3回の企画展及び講演会や有三作品の朗読会などの顕彰事業を実施してきた。

　さらに2008年（平成20）にはボランティアガイドの養成を行い、土・日・祝日を中心にガイドの皆さんが来館者の案内をしており、好評を博している。

　記念館では、山本有三を知らない若い人にも関心が持てるように有三の人と作品を多方面からわかりやすく紹介するとともに、文化財である建物と三鷹の町の魅力をも広く知ってもらうように努めている。

湯河原、門の前にて

山本有三の住んだ家

　有三はしっかりとした構造の家を何よりも好んだと言われている。望ましい小説作品を鉄筋コンクリートの建築に譬えたこともある。三鷹の家以外の有三が住んだ主な家をここに紹介する。

吉祥寺の家
大正15年3月―昭和11年11月（1926-1936）

初めて建てた自分の家。家を研究し専門家にも相談してしっかりした家を建てたという。最近まで現存していた。240坪の土地を借りて建てた平屋だったが、手狭になり2階を建て増しした。家族の声が書斎に響かないように階段の途中に木製のシャッターを取り付けるほど、執筆環境を大切にした。

大森の家
昭和21年12月―昭和28年12月（1946-1953）

　三鷹の家が進駐軍に接収されたため、一時知人宅に間借りした後、大森の比較的大きな和風の家を借りることができたので、少し手を入れて入居した。なお、塀は有三在住当時は生垣であった。

湯河原の家
昭和28年12月―昭和49年1月（1953-1974）

　終生の住まい。平屋の家を買ったがその東の傾斜地に2階建ての家を建て、廊下で母屋とつないだ。また長い廊下を利用して書庫とした。門は有三が熟考を重ねて造ったもの。

※「門の前にて」を除き、写真提供
「山本有三ふるさと記念館」

参考文献
1 「山本有三全集第十二巻」 新潮社 昭和52年発行
2 「グラフみたか 第10号」三鷹市発行 平成7年
3 「三鷹市山本有三記念館」(財)三鷹市芸術文化振興財団発行 平成8年
4 「いいものを少し 父 山本有三の事ども」 永野朋子 平成10年
5 「三鷹文学散歩マップ」 三鷹市教育委員会発行 平成12年
6 「山本有三と三鷹の家と郊外生活」 (財)三鷹市芸術文化振興財団発行 平成18年

住宅物語

山本有三記念館　東京・三鷹

Text 初田 亨
1947年東京生まれ。工学院大学建築学科卒業。工学博士（東京大学・論文）現在、工学院大学教授。著書に『東京　都市の明治』（ちくま学芸文庫）、『繁華街の近代』（東京大学出版会）他多数。

Photos 岡本寛治
1955年東京生まれ。立教大学卒業後、建築写真家・大橋富夫氏、岡本茂男氏に師事し、独立。建築写真を中心に活動。著書に『かながわ建築探訪』（共著・有隣堂）、『手拭いづくし』『風呂敷つつみ』(バナナブックス)。

監修・執筆	初田亨 © 矢野勝巳 ©
撮影	岡本寛治 ©
編集	財団法人三鷹市芸術文化振興財団 石原秀一 大石雄一朗
デザイン	堀井知嗣
地図	松尾茂男
印刷・製本	新晃社
制作協力	車田寛 山本有三ふるさと記念館

2008年10月25日発行
ISBN978-4-902930-21-4 C3352
発行者：石原秀一
発行所：バナナブックス ©
〒151-0051東京都渋谷区千駄ヶ谷5-17-15
TEL. 03-5367-6838 FAX. 03-5367-4635
URL: http://bananabooks.cc/

落丁・乱丁本はお取り替えいたします。
2008 BananaBooks, Printed in Japan